野菜のうまみを凝縮

ストウブだから おいしい毎日ごはん

若山曜子

はじめに

ストウブは、私が昔からずっと使い続けている数少ない調理器具。
重いし、厚手だからか、なかなか温まらないけれど、
やっぱりストウブじゃないと、この味が作れないと思うメニューが多いのです。
この本のお話をいただき、私はストウブで何を作っているかな……と思い起こしてみたら、
それは、とにかく野菜を入れたお料理なのでした。

野菜をたっぷり食べたいと思ったとき、めんどうくさがりの私は、
適当な大きさに切った野菜をぎゅっとストウブに入れ、
蓋をし、少しの水やオイルで蒸し煮にします。
野菜から水分がほどよく抜け、旨味が凝縮し、かさも減るので、ぺろりと食べられます。
さらにお肉やお魚をプラスすれば、野菜の水分でしっとり柔らかく火が通り、一石二鳥。
鍋ごと食卓に出せば、蒸気と香りがただよって、
見た目も豪華なメインディッシュになってくれます。
簡単だけど、ちょっとごちそうに見える料理。
それはストウブがもっとも得意とするところではないでしょうか。

最初にストウブを見たのは、パリの友人のアパルトマンでした。
引っ越した部屋に最初から置いてあったという、のっそりと大きな黒い鍋。
取り出すだけで腰を痛めそうな、直径が30cm以上もある代物で、
ひとり暮らしの彼女には無用の長物に思えました。

ところが、料理をあまりしなかった彼女が、引っ越しをしてからは、あの鍋に入るからと、
マルシェで巨大なキャベツやカリフラワーを買うようになったのです。
さらに肉のかたまりも臆することなく、どんどん入れ、グツグツ煮て、
食べきれないねと、アパルトマンの他の部屋の人も呼んで……。
ストウブを囲み、わいわいと皆で過ごした夜は、私の忘れられない思い出のひとつです。
その後、私もセールを待ち、ストウブ鍋を買って抱えて持ち帰りました。
(私が買ったのは腕力を考え16cmの小さなものでしたが……)

ストウブさえあれば、お料理そっちのけでワインを飲み、おしゃべりに夢中になっていても、
蓋をあけたらいつもいい匂いがして、たっぷりの野菜がほろりと柔らかい。
飲みすぎた翌朝には、残った野菜の煮汁を温めて、スープにして……。
無骨だけど、どんなときも頼りになる存在。
あのころから、ストウブはいつも変わらず、食卓を温かく優しく包んでくれているのです。

若山曜子

Contents

Vegetables
野菜

Meat & Vegetables
肉＋野菜

Seafood & Vegetables
魚介＋野菜

Seasoned Rice
ご飯

Column Desserts

○鍋はすべてストウブのピコ・ココットのラウンド（20㎝）を使っています。
○大さじ1＝15㎖、小さじ1＝5㎖、1カップ＝200㎖です。
○「ひとつまみ」は、親指、人差し指、中指で軽くつまんだ量です。
○塩は「ゲランドの塩」（細粒）を使っています。塩によって量は加減してください。
○こしょうは粗びき黒こしょうを使っています。
○バターは特に表記のない場合は有塩のものを使っています。

「ストウブ」の鍋の魅力

ストウブはシェフ考案の鍋なので、
料理をおいしく仕上げるための秘密が隠されています。
構造を知ればその秘密に納得です。
ストウブの鍋の魅力を知って料理作りを楽しみましょう。

おいしさを逃さない

食材を入れた鍋（ココット）を火にかけると旨味を含んだ水蒸気が出てきます。この旨味を含んだ水蒸気が鍋の中で対流を起こし、水滴となって蓋の裏にある突起（ピコ）を伝わり食材にまんべんなく降り注ぎます。この循環を繰り返すことで、食材は凝縮された旨味をたっぷり含み、ジューシーでしっとりとしておいしくなります。

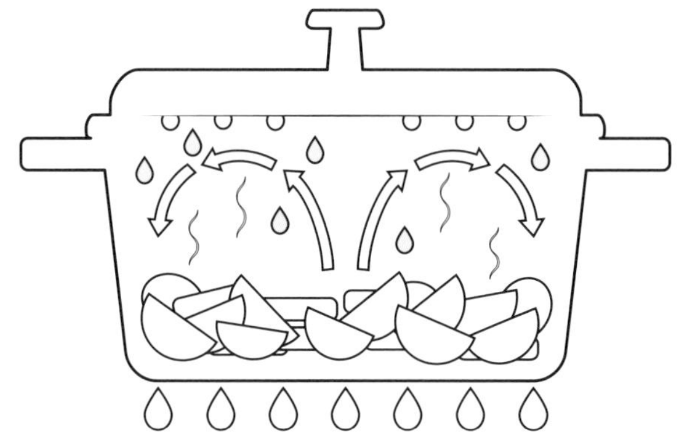

余熱調理ができる

鍋も蓋もずっしりと重みがある鋳鉄製です。厚みのある鋳鉄でできているため、熱伝導がよく、保温性や保冷性にすぐれています。蓋をすると熱が逃げにくいので、食材の中までしっかりと火を通し、火から下ろしたあとも余熱調理ができるので、調理時間が短縮できます。

食卓に置いても存在感のあるデザイン

鍋の外側はホーロー（エマイユ）加工が施されています。液状のガラスを2～3回吹きつけてあり、見た目の美しさだけでなく、耐久性や耐熱性にすぐれた仕上げにしてあります。

焦げつきにくい

鍋の内側は黒マットホーロー（エマイユ）加工が施され、手で触ると凹凸があって、ざらざらしています。このざらざらのおかげで油がなじみやすくなり、焦げつきを防ぎます。

オーブンに入れられる

鍋や蓋は鋳鉄製、蓋のつまみも金属製なので、蓋をしたまま鍋ごとオーブンに入れることができます。また直火やIH、電気プレートなどあらゆる熱源に使えますが、電子レンジには使えないので注意してください。

＊ 鍋底面の直径が12㎝未満または26㎝以上のものは、IHで使用できないことがあります。

「ストウブ」の鍋の得意ワザ

ストウブの鍋は煮る、焼く、蒸す、炒める、揚げるなどの
調理法はどれもできますが、
本書では毎日の料理でよく使う「蒸し煮」と「煮込み」に分けてご紹介します。

蒸し煮

食材の水分だけ、あるいは少量の水分を加えて調理する料理です。食材のもつ本来の旨味をストレートに感じることができます。

煮込み

食材の水分だけでなく、たっぷりの水分を加え、コトコト煮て調理する料理です。食材の旨味が煮汁に溶け出して、一体感のある煮汁と具材が味わえます。

「ストウブ」のサイズ、色、手入れ法、収納

サイズ

ストウブの鍋はピコ・ココットという名称でラインナップされ、ラウンド（丸形）とオーバル（楕円形）があります。ラウンドは10cmと14cmから2cm間隔で24cmまで、オーバルは11cm、15cm、17cm、23cm、27cmがあります。本書ではすべて20cm（2.2ℓ）のラウンドを使っています（サイズが一番近いオーバルの23cm・2.35ℓの場合も、分量や加熱時間は同じです）。

色

ブラック、グレー、チェリー、カンパーニュ、グランブルー、グレナディンレッド、バジルグリーンがありますが、サイズによってはない色もあるので注意してください。キッチンの雰囲気に合った色を選ぶといいでしょう。

手入れ法

鍋を使ったあとは、キズをつけないようにスポンジなどで汚れを落とします。スチールたわしや研磨剤、漂白剤などは使わないようにしてください。もし焦げついたら、湯を張って重曹を大さじ1ほど加えて弱火にかけます。温まって焦げが取れたら、そのまま冷ましてスポンジで洗ってください。洗ったあとは乾いた布で水分をしっかり拭き取ってから乾燥させます。水分が残っているとサビの原因になるので注意して。

収納

ストウブは重いので、毎日使うならガス台に置いておいてもいいでしょう。キッチンに出ていても素敵です。いくつか持っている場合は、蓋を裏返して重ねると省スペースで収納できます。

Vegetables

野菜

野菜の水分だけ、あるいは少量の水分を加えるだけで蒸し煮になったり、さらに水分を加えて煮物にしたり……。鍋の中で水分が蒸気となって降り注ぎ、料理に“おいしい”の魔法をかけます。身近にある野菜ですぐに作れるレシピばかり。それぞれの食感の違いも楽しみながらいただきましょう。

野菜の蒸し煮の基本

小松菜のペペロンチーノ

Komatsuna Peperoncino

小松菜はほうれん草や青梗菜などお好みのものでもかまいません。
時間の調整は少し必要ですが、どの葉物野菜もかさが減ってたっぷり食べられます。
バゲットにのせたり、パスタにからめてもおいしい。

材料　（2人分）

小松菜 …… 2束(400g)
にんにく …… 1かけ
オリーブ油 …… 大さじ4
赤唐辛子(小口切り) …… 1つまみ
塩 …… 小さじ1/3

作り方

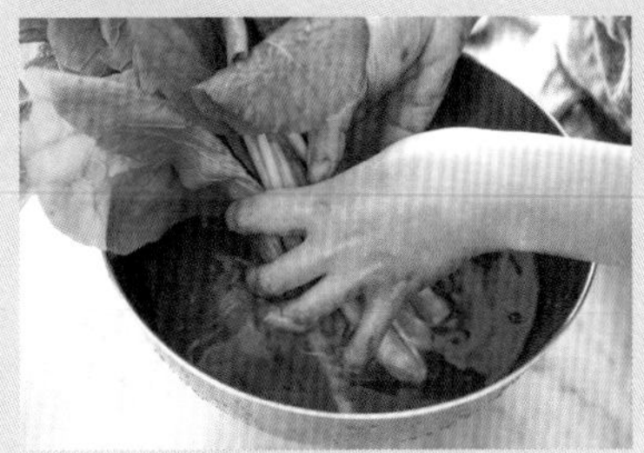

1. 小松菜はボウルに水を入れて葉の部分を持ち、上下に動かして根元についている泥をよく落とす。

2. 根元を切り落として5㎝長さに切る。このとき土が残っていたら洗い流す。

3. にんにくは包丁の背で押しつぶす。
＊こうすると柔らかい香りがつく。

4. 鍋にオリーブ油、**3**、赤唐辛子を入れて中火にかける。香りが立ってきたら**2**を加えて弱火にする。

5. 塩をふって5分ほど火にかけ、小松菜が少ししんなりしてきたら上下を返す。

6. 蓋をして7分ほど弱火で蒸し煮にし、蓋をあけてざっと混ぜて器に盛る。

キャベツのアンチョビバター

Braised Cabbage with Anchovies and Butter

キャベツがたっぷり食べられるレシピ。
バターのコクとアンチョビがキャベツの旨味を引き立てます。
キャベツは白菜やブロッコリー、カリフラワーにしてもOK。

材料（2人分）

キャベツ …… 1/4個(350g)
にんにく(みじん切り) …… 1かけ分
バター …… 大さじ1
アンチョビ …… 4片(15g)
白ワインビネガー(または水)
…… 大さじ1

作り方

1. キャベツは根元を切り落としてざく切りにする。かたい芯があったら細切りにする。
2. 鍋ににんにく、バター、アンチョビを入れて中火にかけ、木べらでアンチョビをくずす。
3. バターが溶けたら**1**を加えてざっと混ぜ、白ワインビネガーをふって蓋をし、弱火で15分蒸し煮にする。蓋をあけてざっと混ぜ、器に盛る。

じゃがいも蒸し

Steamed Potatoes with Herb Cream

じゃがいもとサワークリームは相性抜群！
青ねぎのかわりにディルやミントを刻んで入れても、後味が軽やかに。
じゃがいも本来の甘味を存分に味わってください。

材料（2人分）

じゃがいも …… 大4個
塩 …… 小さじ2/3＋小さじ1/2
水 …… 70mℓ
サワークリーム …… 90mℓ
青ねぎ（小口切り）…… 3〜4本
＊あさつきや細ねぎでもよい。

作り方

1. じゃがいもはよく洗って泥を落とし、半分に切って皮つきのまま鍋に入れる。塩小さじ2/3と分量の水をざっと混ぜて加え、蓋をして中火で5分、少し火を弱めてさらに5分蒸し煮にする。
2. 蓋をあけて上下を返し、再び蓋をして弱火で10分蒸し煮にする。竹串がスッと入るくらいになったら火をとめ、蓋をしたまま5分蒸らす。
3. ボウルにサワークリームと青ねぎ、塩小さじ1/2を入れて混ぜ合わせる。
4. 器に**2**を盛り、**3**をかける。

根菜のみそバター蒸し

Braised Root Vegetables with Miso and Butter

ホクホクシャキシャキの食感をみそとバターがこっくりと引き立てます。
合わせ調味料のみそはお好みのものでOKですが、みそによって多少塩味が異なるので量は加減してください。
ここでは辛めの仙台みそタイプを使っています。

材料（2人分）

れんこん …… 1節
ごぼう …… 1本
さつまいも …… 1本
にんじん …… 1本
＊上記の根菜類は合わせて約400gにする。
にんにく（みじん切り）…… 1かけ分
バター …… 10g + 10g
A
- 合わせみそ（または赤みそ）…… 大さじ1
- 酒 …… 大さじ1
- みりん …… 大さじ1/2
- 水 …… 大さじ3

タイム …… 2枚

作り方

1. れんこんは皮をむいて1.5cm厚さの輪切り、ごぼうは包丁の背で皮をこそげて4cm長さの乱切りにして水にさらす。さつまいもはきれいに洗って皮つきのまま1.5cm厚さの輪切り、にんじんは皮をむいて3cm長さの乱切りにする。
2. 鍋ににんにくとバター10gを入れて中火にかけ、香りが立ってきたら**1**を加えて合わせたAを回しかけ、タイムとバター10gを手でちぎってのせる。
3. 蓋をして5分、その後弱火にして15分ほど蒸し煮にする。蓋をあけてざっと混ぜ、5分ほど蒸らして器に盛る。

カリフラワーとオクラのサブジ

Cauliflower and Okra Sabji

サブジは野菜にスパイスとオイルを加えて蒸し煮にしたインド料理。
スパイスのしみ込んだ柔らかなカリフラワーとオクラの食感が楽しい。
野菜だけでも満足感のある一品です。

材料（2人分）

カリフラワー …… 1/2株（正味300g）
オクラ …… 1袋（7〜8本）
オリーブ油 …… 大さじ3
A
- にんにく（みじん切り）…… 1かけ分
- しょうが（みじん切り）…… 1かけ分
- コリアンダーシード …… 小さじ1
- クミンシード …… 小さじ1/2

玉ねぎ（みじん切り）…… 1/2個分
塩 …… 小さじ1/3
ガラムマサラ …… 小さじ1/2
パクチー（ざく切り）…… 1株分

作り方

1. カリフラワーは小房に切り分ける。オクラはへたのかたい部分を取り除く。
2. 鍋にオリーブ油とAを入れて中火にかけ、香りが立ってきたら玉ねぎと塩を加えて木べらで炒める。玉ねぎが透き通ってきたら**1**を加えてさっと混ぜ、蓋をして弱火で20分ほど蒸し煮にする。
3. 蓋をあけてガラムマサラを加え、ざっと混ぜる。器に盛り、好みでパクチーをのせる。

新玉ねぎのオイル蒸し

Steamed Fresh Onions

とろりと甘く、玉ねぎだけとは思えない味わいです。
普通の玉ねぎでも作れますが、柔らかくて甘い新玉ねぎの旬の時期にぜひ！
温かくても冷たくしてもおいしくいただけます。

材料（2～3人分）

新玉ねぎ …… 3～4個
塩こうじ …… 大さじ1
オリーブ油 …… 大さじ2
タイム …… 2枚

作り方

1. 玉ねぎは皮をむいて中央に十字の切り込みを入れる。鍋に入れ、塩こうじとオリーブ油を全体にかけてタイムをのせ、蓋をして180℃に予熱したオーブンに入れ、1時間蒸し煮にする。
   ＊コンロの場合は水50㎖を加えて中火にかけ、鍋が温まったらごく弱火にして1時間ほど蒸し煮にする。
2. オーブンから出して器に盛る。
   ＊鍋全体が高温になっているので、必ず鍋つかみを使うこと。蓋をあけるときもつまみが熱いのでやけどに注意！

にんにくのオイル蒸し

Garlic Confit

ねっとりとしてペースト状になったにんにくは、パンにつけてもお肉につけても絶品。
オイルはドレッシングなどのガーリックオイルとしても使えます。
新にんにくは柔らかくて、とりわけ臭みが少ないので、旬の季節に作るのがおすすめ。

材料（作りやすい分量）

にんにく …… 大6～7個
塩 …… 小さじ1
ローリエ(あれば) …… 2枚
＊タイム2枚でもよい。

オリーブ油 …… 100～150mℓ
米油(または太白ごま油)
…… 100～150mℓ
＊2種の油の量は1:1になるように入れる。

作り方

1. にんにくは表面の皮をむき、1～3かけずつに分け、鍋に塩、ローリエとともに入れる。
2. 2種の油をにんにくがかぶるくらいまで入れ、中火にかける。鍋が温まったら蓋をして極弱火で20分ほど煮てそのまま冷ます。
＊オーブンの場合は110℃に予熱し、コンロで温めた鍋を入れ、1時間ほど煮る。
3. 器に盛り、好みでバゲットを添える。

Memo
にんにくが油に浸かる(空気に触れない)ようにして煮沸した瓶に入れておけば、冷蔵庫で2～3か月保存できる。

かぼちゃとブルーチーズの蒸し煮

Braised Pumpkin and Blue Cheese

青カビタイプのブルーチーズは独特のクセがありますが、
これがかぼちゃのやさしい甘さの引き立て役に。
最後にかけるはちみつはお好みで。

材料（2〜3人分）

かぼちゃ(皮つき)…… 正味400g
砂糖 …… 小さじ1
生クリーム …… 70mℓ
塩 …… 小さじ1/3
ブルーチーズ …… 30〜50g
はちみつ …… 大さじ1

作り方

1. かぼちゃは4cm角くらいに切って鍋に入れ、砂糖をまぶす。生クリームと塩を加えて蓋をし、中火にかける。
 ＊砂糖をまぶすのは水分を出すため。
2. 5分ほどして沸騰したらざっと混ぜ、弱火にし、蓋をして15分ほど蒸し煮にする。器に盛ってブルーチーズをちぎってのせ、好みではちみつを回しかける。

カリフラワーと カマンベールチーズの蒸し煮

Braised Cauliflower and Camembert Cheese

白カビタイプのカマンベールチーズはとろりと柔らかくコクがあります。
柔らかなカリフラワーに絡むとソースのよう。
ワインともよく合います。

材料（2〜3人分）

カリフラワー …… 小1株(正味300g)
塩 …… 小さじ1/4
水 …… 70mℓ
オリーブ油 …… 大さじ1と1/2
カマンベールチーズ …… 70g

作り方

1. カリフラワーは小房に分けて鍋に入れ、塩をふってざっと混ぜ、分量の水を加えてオリーブ油を回しかけ、中火にかける。鍋が温まったら弱火にし、蓋をして10分ほど蒸し煮にする。
2. 蓋をあけてカマンベールチーズをちぎってのせ、再び蓋をして火から下ろし、そのまましばらく余熱を入れて器に盛る。

グリーンピースのフランス風蒸し煮

French Style Peas

グリーンピースとレタスのバター蒸し煮はフランスの家庭料理の定番。
爽やかな色合いが食卓を明るく彩ります。
パンといっしょに食べてもおいしい。

材料（2～3人分）

レタス …… 1/2個（150～200g）
玉ねぎ …… 1/2個
ベーコン …… 2枚（30g）
バター …… 6g
グリーンピース（冷凍）…… 200g
チキンスープ …… 100mℓ

＊顆粒タイプの素を表示の希釈の倍量の水で溶かしたものを使う。鶏ガラスープの素やコンソメスープの素でもよい。

作り方

1. レタスは切り口を下にして縦半分に切り、手で横半分にちぎる。玉ねぎは皮をむいて粗みじん切りにし、ベーコンは1cm幅に切る。
2. 鍋にバターを入れて中火にかけ、バターが溶けたら玉ねぎを加えて1分ほど炒める。ベーコンを加えて火が通るまでさらに炒め（a）、レタスを加えてざっと混ぜる（b）。
3. レタスがしんなりしかけたら凍ったままのグリーンピースとチキンスープを加え（c）、蓋をして5分ほど蒸し煮にし、器に盛る。

a

b

c

Memo

グリーンピースは年中手に入る右の冷凍のものが便利。蒸し煮にするとふっくらおいしく仕上がる。左は旬の時期に出回る生のもの。生のほうがほっくりとしているので、手に入る時期はこちらを使うのもおすすめ。

かぼちゃとにんじん、キドニービーンズのピーナッツ蒸し煮

Braised Pumpkin, Carrot and Kidney Beans with Peanut

ほんのり甘味のあるかぼちゃはピーナッツペーストと相性抜群！
香ばしいピーナッツが味と食感のアクセント。
クセになるおいしさです。

材料（2〜3人分）

かぼちゃ（皮つき）…… 正味200g
にんじん …… 100g
A ピーナッツペースト（無糖）…… 40g
A 黒糖（粉末）…… 10〜12g
A しょうゆ …… 大さじ1/2
＊ピーナッツペーストは加糖のものを使う場合、黒糖の量で甘味を調整する。
水 …… 大さじ5〜6
しょうが（みじん切り）…… 1/2かけ分
赤唐辛子（輪切り）…… 1/2本分
太白ごま油 …… 小さじ1
キドニービーンズ（または金時豆／ドライパック缶）…… 100g
塩けのあるピーナッツ（粗く砕く）…… 適量

a

b

作り方

1. かぼちゃはまだらに皮をむいて3cm角に切る。にんじんは皮をむいて2cmの乱切りにする。
2. Aを合わせて分量の水を少しずつ加え、とろりとしてなめらかになるまで泡立て器で混ぜる（a）。
＊こうしておくとピーナッツペーストがダマになるのを防げる。
3. 鍋にしょうが、赤唐辛子、太白ごま油を入れて中火にかけて熱し、**1**を加えて炒める。全体に油が回ったらキドニービーンズを加え（b）、**2**を回しかけてひと混ぜする。
4. 蓋をして2〜3分中火にかけてざっと混ぜ、再び蓋をして弱火にし、野菜が柔らかくなるまで12分加熱する。蓋をあけてひと混ぜし、器に盛ってピーナッツを散らす。

STAUB

白いんげん豆のミネストローネ風蒸し煮

Minestrone with White Kidney Beans

豆のもどし汁に野菜の水分が加わった煮汁たっぷりの蒸し煮です。
煮汁には野菜とウインナソーセージの旨味が溶け出して、滋味深い味わい。
ソーセージのかわりにベーコンにしても。また最後にパルメザンチーズをふっても。

材料（２～３人分）

白いんげん豆（乾燥）…… 100g
塩 …… ひとつまみ＋ふたつまみ
オリーブ油 …… 少々＋大さじ１
にんにく（つぶす）…… 1/2かけ分
キャベツ …… 100g
にんじん …… 60g
玉ねぎ …… 1/2個
セロリ …… 1/2本
じゃがいも（メークイン）…… 150g
ウインナソーセージ …… ２～３本
ローリエ …… １枚

a

b

c

作り方

1. 白いんげん豆は豆100gに対して３倍（300mℓ）の水に一晩浸けて（a）水ごと鍋に入れ、塩ひとつまみ、オリーブ油少々、にんにくを加えて中火にかけ、沸騰したら弱火にして蓋を少しずらし、1時間ほどゆでる。
2. キャベツは２～３cm角に、皮をむいたにんじんと玉ねぎ、セロリは各1cm角に、皮をむいたじゃがいもは1.5cm角に切る。ウインナソーセージは1cm幅に切る。
3. **1**の鍋に**2**とローリエ、塩ふたつまみ、オリーブ油大さじ１を加えて（b）ざっと混ぜ（c）、蓋をして中火で10分、その後中火弱～弱火にして15分ほど蒸し煮にして器に盛る。

Memo
作り方1の白いんげん豆の水煮は多めに作って汁ごと冷凍しておくと、いつでもすぐに使えて便利。

野菜の煮込みの基本

ラタトゥイユ

Ratatouille

フランス南部のプロヴァンス地方やニースの郷土料理。
鍋で仕上げる手軽な方法で夏野菜のおいしさをぎゅっと凝縮させました。
玉ねぎの甘味を出してから、油をよく吸うなすを加えるのがポイントです。

材料 （2～3人分）

玉ねぎ …… 1個
なす …… 2本
ズッキーニ …… 1本
パプリカ(赤) …… 1個
ピーマン …… 2個
にんにく(つぶす) …… 1かけ分
オリーブ油 …… 大さじ3
塩 …… 小さじ1/3
トマト缶(ダイス) …… 1缶(400g)
タイム …… 2枚

Memo
クスクスの蒸し方は、鍋に水150mℓと塩小さじ1/3を入れて中火にかけ、沸騰したら火をとめ、クスクス150gを加えて混ぜ、蓋をして10分蒸らす。器に盛ってイタリアンパセリの粗みじん切り適量を散らす。こちらも、あればストウブのような厚みのある鍋を使うのがおすすめ。

作り方

1. 皮をむいた玉ねぎは2cm角に切り、なすはへたを落として縦半分に切り、2cmくらいの乱切りにして軽く塩(分量外)をふる。ズッキーニは両端を切り落として1cm幅の輪切りにし、大きいものはさらに半分に切る。パプリカとピーマンは縦半分に切ってへたと種を取り、2cm角に切る。

2. 鍋ににんにくとオリーブ油を入れて中火にかけ、香りが立ってきたら玉ねぎと塩を入れ、玉ねぎが透き通ってくるまで炒める。

3. なすを加え、油が全体に回るまで炒める。

4. ズッキーニとパプリカ、ピーマンを加えてざっと混ぜる。

5. トマトを加えてタイムの葉をしごき落として茎とともに入れる。

6. 蓋を少しずらしてのせ、弱火にして30分ほど煮込む。味をみて足りないようなら塩(分量外)で調味する。器に盛り、好みでクスクス(分量外)を添える。

ピペラード

Piperade

ピペラードはバスク地方の伝統料理。卵を加えることが多いようです。
私が現地で食べたのは、生ハム入りで塩気がアクセントになっていました。
好みで生ハムの切れ端を入れて煮てもいいでしょう。

材料 （2〜3人分）

玉ねぎ …… 1/4個
パプリカ(赤) …… 2個
ピーマン …… 3個
オリーブ油 …… 大さじ2
にんにく(みじん切り) …… 1かけ分
塩 …… 小さじ1/2
トマト缶(ダイス) …… 1/2缶(200g)
ローリエ …… 1枚
卵 …… 2〜3個
パプリカパウダー(またはチリパウダー) …… 少々

a

b

c

作り方

1. 玉ねぎは皮をむいて薄切り、パプリカとピーマンは縦半分に切り、へたを取って細切りにする。このとき、パプリカは種も取り、ピーマンは種を残す。
2. 鍋にオリーブ油と玉ねぎを入れて中火にかけ、薄茶色に色づくまで木べらで炒め(a)、ピーマン、パプリカ、にんにく、塩を加える(b)。
3. 混ぜながら炒め、全体に油が回ったらトマトとローリエを加えて蓋をずらしてのせ(c)、弱火で15分ほど煮る。
4. 蓋をあけて卵を割り入れ、再び蓋をして卵に火が入るまで1〜2分煮る。器に盛り、パプリカパウダーをふる。

かぶのクリーム煮 生ハムのせ

Creamed Turnips with Prosciutto

ジューシーなかぶと塩気のきいた生ハムが好相性。
真っ白のスープに溶け出したかぶの旨味が滋味深い味わいです。
かぶは少し煮くずれるくらいがおいしいですよ。

材料（2人分）

かぶ …… 4個(600g)
オリーブ油 …… 小さじ1
アンチョビ …… 2片
塩 …… ひとつまみ
生クリーム …… 200mℓ
生ハム …… 4枚
粗びき黒こしょう …… 適量

a

b

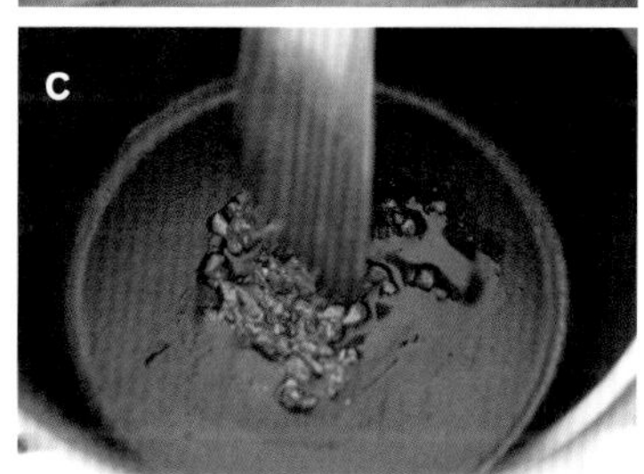
c

作り方

1. かぶは葉を落として皮をむき、放射状に縦8等分に切り(a)、大きいものは斜め半分に切る(b)。
＊皮が柔らかいかぶは、皮をつけたまま切ってもよい。
2. 鍋にオリーブ油とアンチョビを入れて中火にかけ、木べらでくずしながら炒める(c)。1を加えて塩をふり、ざっと混ぜて生クリームを加える。
3. ざっと混ぜて蓋をし、弱火で10分ほど煮る。蓋をあけて上下を返し、再び蓋をして5分ほど煮る。
4. 器に盛って生ハムをのせ、粗びき黒こしょうをふる。

ひよこ豆のスパイス炒め煮

Spiced Chickpeas

スパイスがきいたインド風の炒め煮。
トマトとライムの酸味、たっぷりのしょうがでさっぱりといただけます。
最初に玉ねぎを色づくまで炒めて甘味を引き出すのがポイントです。

材料（2～3人分）

ひよこ豆（缶詰）…… 250g
玉ねぎ …… 1/3個
パプリカ（赤／またはピーマン）…… 1/2個
トマト …… 2個
しし唐辛子 …… 4本
オリーブ油 …… 大さじ3
しょうが（みじん切り）…… 1かけ分
塩 …… 少々＋小さじ1/2
コリアンダーパウダー …… 小さじ1
チリパウダー、クミンパウダー、ガラムマサラ …… 各小さじ1/2
ライム（またはレモン／国産）…… 1/2個（好みで）

作り方

1. ひよこ豆はざるに上げて缶汁をきる。皮をむいた玉ねぎとパプリカ、トマトは1㎝角に切る。しし唐辛子は小口切りにする。
2. 鍋にオリーブ油を入れて強めの中火にかけ、しょうが、玉ねぎ、塩少々を入れて玉ねぎが少し色づくまで炒める（**a**）。しし唐辛子、パプリカ、ひよこ豆（**b**）、スパイス類、塩小さじ1/2、トマトを加えてざっと混ぜ（**c**）、蓋をして中火で5分煮る。
3. 器に盛り、ライムを搾っていただく。

白菜と豆腐の明太クリーム煮

Stewed Chinese Cabbage and Tofu with Cod Roe Cream Sauce

口当たりのやさしい煮物です。
くったりとした白菜となめらかな豆腐の食感に、
ピリ辛の明太子と三つ葉の香りで少し和風に仕上げました。

材料（2～3人分）

白菜 …… 1/4株(750g)
木綿豆腐 …… 1/2丁
明太子 …… 1腹(25g)
塩 …… 小さじ1/3
生クリーム …… 100mℓ
三つ葉(4cm長さに切る) …… 1/2束分

作り方

1. 白菜は根元を切って3～4cmのざく切りにする。豆腐は厚さを半分に切り、1.5cm幅に切る。明太子は薄皮からこそげ出す。
2. ボウルに白菜を入れて塩をふり、ざっと混ぜて10分ほどおき、しんなりさせる。
3. 鍋に**2**を入れ、生クリームを加えて中火にかける。沸騰してきたら蓋をして、弱火で10分煮る。蓋をあけて豆腐をのせ、明太子を散らし入れて再び蓋をし、5分煮て三つ葉を散らす。

Meat & Vegetables

肉＋野菜

肉を焼いて味を閉じ込めたり、野菜の水分で蒸し煮にしたり、口の中でくずれるほど柔らかく煮込んだり……。鍋を使えば、肉本来の旨味やジューシーさを生かすことができます。牛肉、鶏肉、豚肉、ひき肉、ラム肉など、それぞれの肉の持ち味を存分に味わえるレシピをご紹介します。

肉＋野菜の蒸し煮の基本

チキンとブロッコリーの蒸し煮

Braised Chicken and Broccoli

ふっくら柔らかな鶏肉と、
その旨味がしっかりとしみ込んだジューシーなブロッコリー。
ブロッコリーの間に鶏肉を入れて蒸し煮するのがポイントです。

材料（2～3人分）

ブロッコリー …… 1個（正味250g）
鶏もも肉 …… 1枚（300g）
塩 …… 小さじ2/3
粗びき黒こしょう …… 適量
オリーブ油
…… 大さじ1＋大さじ1
にんにく（みじん切り）
…… 1かけ分
白ワイン …… 大さじ3

作り方

1. ブロッコリーは株元を切り落とし、房と茎を切り分けて、房は小房に切り分ける。茎はまわりのかたい部分を切り落とし、残った部分を3cm長さの乱切りにする。

2. 鶏肉は皮目を下にして置き、皮と肉との間にある白い脂肪をキッチンバサミで切り取る。

3. 塩、粗びき黒こしょうをふって軽く揉んでなじませ、5cm大に切る。

4. 鍋にオリーブ油大さじ1とにんにくの半量、**1**の半量を敷き詰める。

5. 鶏肉をのせ、その上に残りの**1**と残りのにんにくをのせて白ワインを回しかける。

6. オリーブ油大さじ1を回しかけ、蓋をして強めの中火で3分ほど加熱する。蓋をあけ、全体に蒸気が十分に回っていたら、中火にして蓋をし、5分加熱する。さらに火を少し弱めて5～6分加熱し、火をとめて3～4分蒸らす。

豚肉と白菜の重ね梅肉蒸し

Braised Pork and Chinese Cabbage with Ume Plum Sauce

梅の酸味でさっぱりといただけるメニューです。手軽に作れるのでもう1品ほしいときにぜひ。
蒸し煮にすることで白菜も長ねぎもとろとろに仕上がります。
白菜はびっくりするほどかさが減るので倍量にしてもいいでしょう。その際はたれも多めに。

材料（2〜3人分）

〈梅だれ〉

- 梅干し …… 大2個(25g)
- みりん、しょうゆ、酒、ごま油 …… 各小さじ1

白菜 …… 200g
豚バラ薄切り肉 …… 160g
長ねぎ …… 2本
青じそ(せん切り) …… 5枚分

作り方

1. 〈梅だれ〉を作る。梅干しは種を取り出して梅肉を包丁でたたき、ボウルに入れてみりん、しょうゆ、酒、ごま油を加えて混ぜ合わせる(**a**)。
2. 白菜は2㎝幅に切り、豚肉は長さを半分に切る。長ねぎは斜めに薄切りにする。
3. 鍋に白菜を入れてその上に豚肉をのせて敷き詰める(**b**)。全体に梅だれをかけて長ねぎをのせ、蓋をして弱めの中火にかける。15分蒸し煮にして器に盛り、青じそをのせる。

豚肉のポットロースト ビーツソース

Pot Roast Pork with Beet Sauce

鮮やかなビーツが豪華な一品。
レーズン、玉ねぎ、ビーツ、はちみつと豚肉によく合う甘味を重ね、最後にバルサミコ酢で味をひきしめます。
塩は豚肉の重さの1.5％くらいにしっかりめにするので味がぼやけません。

材料（3～4人分）

豚肩ロース肉（かたまり）…… 450g
塩 …… 小さじ1と1/3＋ひとつまみ
粗びき黒こしょう …… 少々
玉ねぎ …… 1/2個
ビーツ …… 小1個（150g）
オリーブ油 …… 大さじ1
白ワイン …… 100mℓ
レーズン（湯通しする）…… 20g
バルサミコ酢 …… 大さじ2
はちみつ …… 大さじ1/2

作り方

1. 豚肉は塩小さじ1と1/3をふって1時間ほどおき、ペーパータオルで水気を拭き取って粗びき黒こしょうをふる。
2. 皮をむいた玉ねぎは薄切りにし、ビーツは皮をむいて2～3cm角に切る。
3. 鍋を強めの中火にかけて温め、オリーブ油を入れて1を脂の多い部分から焼いて、全面にこんがりと焼き色をつけて取り出す（a）。
4. 鍋に残った脂をペーパータオルで拭き取り、玉ねぎと塩ひとつまみを入れて中火で炒める。玉ねぎがしんなりしたらビーツを加え、3分ほど炒める（b）。
5. 3の肉を戻し入れ（c）、白ワインとレーズンを加えて蓋をし、弱火で30分蒸し煮にして蓋をあけ、ざっと混ぜて再び蓋をし、30分蒸し煮にする。
   ＊蓋をあけたとき、水分が少なくなって焦げつきそうだったら水1/4カップを加える。オーブンの場合は、180℃に予熱して鍋を入れ、40～50分加熱し、30分ほどで一度混ぜる。
6. 蓋をあけて肉を取り出し、1.5cm厚さに切る。残った肉汁にバルサミコ酢とはちみつを加えて混ぜ（d）、1～2分中火で煮詰める。器に肉とビーツのソースを盛る。

鶏胸肉のベーコン蒸し

Braised Chicken with Bacon

さっぱりとした鶏胸肉はベーコンをプラスして蒸し煮にすればコクのある一品に。
鶏肉はマリネすることで下味がつくのはもちろん、しっとりとしてパサつきません。
ライムの爽やかな風味が隠し味です。

材料（2人分）

鶏胸肉 …… 小1枚(200g)
ベーコン …… 6枚
A
- 塩 …… 2g
- ライム(またはレモン／国産)の搾り汁 …… 大さじ1
- オリーブ油 …… 大さじ1
- にんにく(すりおろす) …… 小さじ1

紫玉ねぎ(薄切り) …… 1/2個分
トマト(1cmの角切り) …… 1個分
チリパウダー …… 適量
パクチー(ざく切り) …… 適量
ライム(またはレモン／国産) …… 1/2個

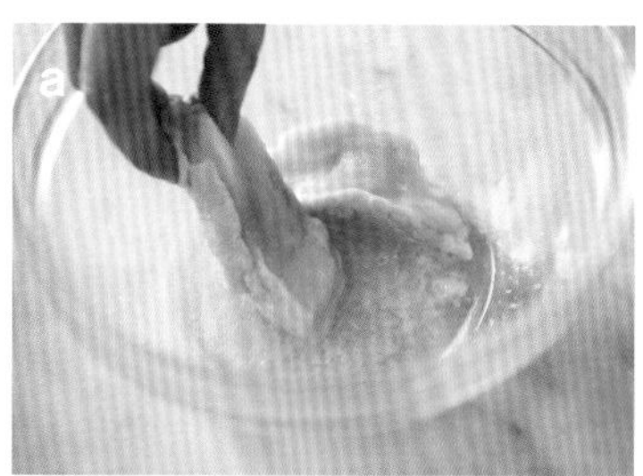
a

b

c

作り方

1. 鶏肉は2～3cm幅のそぎ切りする。ベーコンは、4～5等分に切る。ボウルにAを入れて鶏肉を加え(a)、30分以上マリネする。

2. 鍋にベーコンの半量を敷いて(b) 1の鶏肉を汁ごと入れ、その上に紫玉ねぎ、トマト、残りのベーコンをのせて(c)中火にかける。

3. 鍋が温まったら蓋をして弱火にし、8～10分蒸し煮にして器に盛る。チリパウダーをふってパクチーをのせ、半分に切ったライムを添える。食べるときに搾って加える。

ハンバーグと野菜の蒸し煮

Braised Burger Steak with Vegetables

野菜の水分でふっくらと蒸されたハンバーグ。
肉の旨味を吸ったせん切り野菜がたっぷりといただけます。
最後にとろけるチーズをのせて仕上げてまろやかに。

材料（3人分）

〈ハンバーグのタネ〉
- 合いびき肉 …… 300g
- 塩 …… 小さじ1/2
- 卵 …… 1個
- 粗びき黒こしょう、ナツメグ …… 各少々
- 玉ねぎ（みじん切り）…… 80g
- パン粉 …… 20g
- 牛乳 …… 大さじ2

玉ねぎ …… 小1個（200g）
にんじん …… 大1本（150g）
オリーブ油 …… 大さじ1
塩 …… 小さじ1/3
白ワイン …… 大さじ2
スライスチーズ（とろけるタイプ）…… 3枚

作り方

1. 〈ハンバーグのタネ〉を作る。ボウルに合いびき肉と塩を入れて、粘りが出るまで手でこねる。残りの材料を加えてさらにこね、ボウルにラップをして冷蔵庫に15分以上入れておく。
2. 玉ねぎは皮をむいて薄切り、にんじんは皮をむいてせん切りにする。
3. 1のタネを冷蔵庫から出して3等分に分けて丸め、それぞれキャッチボールをする要領で空気を抜いて小判形に成形する。
4. 鍋を強めの中火にかけて熱し、オリーブ油を入れて熱くなったら3を1つ入れて焼き、焼き色がついたらひっくり返して（a）両面焼いて取り出す。残りの2つも同様にして焼いて取り出す。
   ＊焦げつきそうになったときは、鍋をぬれぶきんの上に置いて温度を下げると防げる（b）。
5. 4の鍋に2と塩を入れて中火で炒め、しんなりしたら弱火にして4のハンバーグを戻し入れ、白ワインをかけて（c）蓋をし、弱火で10分蒸し煮にする。
6. 蓋をあけてチーズを1枚ずつのせ、再び蓋をして1～2分蒸らし、チーズが溶けたら器に盛る。

a

b

c

トマトのファルシ

Tomato Farci

ファルシとは詰め物をした料理のこと。トマトの中にハーブ入りのひき肉をたっぷり詰めました。
トマトと肉から出るおいしいスープをクスクスが吸い取ってワンプレートでも満足の一皿です。
見た目も愛らしく、トマトが丸ごと食べられるのもうれしい。

材料（4人分）

トマト …… 中4個
合いびき肉 …… 250g
塩 …… 小さじ2/3＋小さじ1/3
A
- タイム（みじん切り）…… 小さじ1
- ミント（みじん切り）…… 小さじ1
- パン粉 …… 20g

オリーブ油 …… 大さじ1
にんにく（みじん切り）…… 1かけ分
白ワイン …… 大さじ3
クスクス …… 200g
タイム（飾り用）…… 適量

作り方

a

c

1. トマトはお尻の尖った部分を少し切って安定させる。へたの部分は上から1㎝のところを水平に切る（蓋になる）。残りの部分は縁を5㎜ほど残してペティナイフで中身を切り離し、スプーンでやさしくかき出してみじん切りにし、取り置く（**a**）。中身を出したトマトは軽く塩（分量外）をして、ペーパータオルにふせて水気を切る。

2. ボウルに合いびき肉と塩小さじ2/3を入れ、粘りが出るまでこねる。Aと**1**で取り置いたトマトの中身のうち70gを加えてよく混ぜ、4等分にしてトマトそれぞれにこんもりと詰める（**b**）。

3. 鍋にオリーブ油とにんにくを入れて中火にかけ、香りが立ってきたら火をとめて**2**を並べ入れ、白ワインを回し入れてへた部分をのせて蓋をし、弱火で3分蒸し煮にする。

4. ボウルにクスクスと塩小さじ1/3、トマトの中身110gを入れて、スプーンで混ぜる（**c**）。
＊トマトの中身が110gに足りないときは水を足す。

5. **3**の鍋を火から下ろして蓋をあけ、**4**をファルシの周りにスプーンで入れる。150℃に予熱したオーブンで20分焼き、器に盛ってタイムを飾る。

鶏肉のグリーンカレー風蒸し煮

Braised Chicken Green Curry

タイ料理の定番グリーンカレー。ペーストを使えば手軽に作れます。
グリーンカレーに合う野菜をたっぷり加えて蒸し煮にし、鶏肉を仕上げます。
タイ米と合わせるとサラリと食べられるのでおすすめ。

材料（2〜3人分）

鶏もも肉 …… 1枚(300g)
ナンプラー …… 小さじ1
粗びき黒こしょう …… 少々
なす …… 4本
ピーマン …… 4個(360g)
トマト …… 大1個
マッシュルーム …… 3〜4個
オリーブ油 …… 大さじ1
グリーンカレーペースト …… 30g
にんにく(みじん切り) …… 1かけ分
ココナッツミルク …… 1/2カップ
ヤングコーン …… 3〜4本
ジャスミンライス …… 適量

作り方

1. 鶏肉は5〜6cm角に切ってナンプラーと粗びき黒こしょうをふる。なすはへたを取って縦半分に切り、1〜2cm長さくらいの乱切りにする。ピーマンは種とへたを取って7cm長さの乱切りにし、トマトはへたを切り落として1cm角に切る。マッシュルームは大きいものは縦半分に切る。
2. 鍋にオリーブ油とグリーンカレーペーストを入れて中火で炒める(a)。香りが立ってきたらにんにくを加えて1〜2分炒め、ココナッツミルクとなす、ピーマン、トマト、マッシュルーム、ヤングコーンを加えてざっと混ぜる。
3. 鶏肉をのせて中火にかけ、沸騰したら蓋をして弱火で12分ほど蒸し煮にする。
4. 器にジャスミンライスとともに盛る。

Memo
ジャスミンライスの炊き方
小さめのフライパン(または鍋)にジャスミンライス1カップ(浸水しなくてよい)と水1と1/2カップを入れて火にかけ、沸騰したら蓋をして弱めの中火で10分炊く。

鶏肉とかぶともち麦の蒸し煮

Stewed Chicken and Turnip with Pearl Barley

もち麦がスープに溶けてとろりとまろやか。
食べごたえもあってお腹も大満足スープです。
鶏肉がもち麦のでんぷん質でコーティングされ、しっとりジューシーに。

材料（2〜3人分）

もち麦 …… 100g
塩 …… 少々＋小さじ1/2
水 …… 2カップ
鶏もも肉 …… 1枚(300g)
かぶ …… 4個(600g)
しょうが(薄切り) …… 1かけ分

作り方

1. 鍋に塩少々と分量の水を入れて中火にかけ、沸騰してきたらもち麦を加えて(a)20分ゆでる。
2. 鶏肉は皮目を下にしてまな板に置き、皮と肉との間にある白い脂肪をキッチンバサミで切り取る。塩小さじ1/2をふって5cm角程度に切り分け、軽く揉んでなじませる。かぶは葉元を1cmくらい残して皮をむき、放射状に縦8等分に切る。
3. 1に2としょうがを加え、蓋を半分ほどずらしてのせ、15〜20分蒸し煮にして器に盛る。
   ＊もち麦をゆでたあと、水分が少なくなっていたらかぶと鶏肉がかぶるくらいまで水を足す。

肉＋野菜の煮込みの基本

ポテ

Potée

ポテはフランスの煮込み料理。ポトフと違うのは豚肉とキャベツが入ること。
肉に塩を揉み込んで寝かせることで、肉にしっかりと塩味が入ります。
シンプルだけれど極上の一品です。

材料（2～3人分）

豚肩ロース肉（かたまり）…… 400～450g
塩 …… 小さじ1と1/2
にんにく（つぶす）…… 1かけ分
ローリエ …… 1枚
じゃがいも（メークイン）…… 2個
キャベツ …… 1/4個（300g）
玉ねぎ …… 大1/2個
セロリ …… 1/2本
マスタード …… 適量

作り方

1. 豚肉は塩をふって軽く揉み込み、保存袋に入れて一晩～3日間冷蔵庫に入れておく。

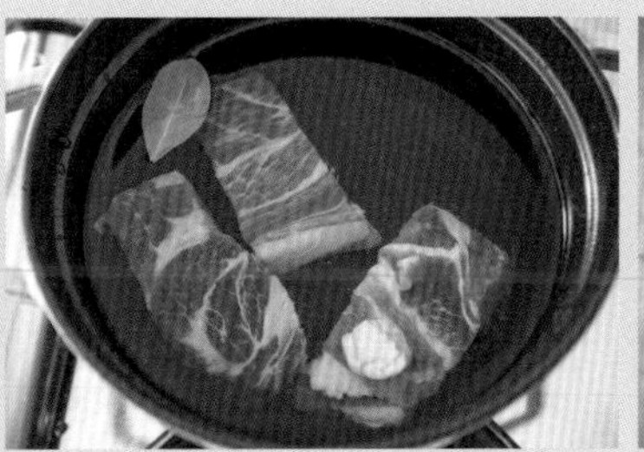

2. 1の肉を取り出して水気を拭き、3等分に切り、鍋に入れて肉がかぶるくらいの水（分量外）とにんにく、ローリエを加えて蓋をし、中火で30分ほど煮込む。

3. じゃがいもは皮をむき、キャベツは放射状に半分に切る。玉ねぎは皮をむいて縦半分に切り、セロリは5cm長さに切る。

4. 2の蓋をあけ、セロリ、玉ねぎ、じゃがいもの順に肉の間に入れる。

5. 最後にキャベツを入れて蓋をし、弱火で40分ほど煮る。

6. 蓋をあけてじゃがいもに竹串がスッと通ったら器に盛り、マスタードを添える。

りんごとセージの豚肉巻き

Slow-Roast Pork Rolls with Apple and Sage

豚肉に熟成した生ハムを合わせて深みのある味わいに。
一度ソテーしたりんごの甘味が隠し味。肉のおいしさがアップします。
セージの代わりにローズマリーでも。その場合は巻かずに白ワインといっしょに加えます。

材料（2～4人分）

りんご（紅玉）…… 1個
生ハム …… 2枚
バター …… 5g
砂糖 …… 小さじ1
豚肩ロース薄切り肉 …… 8枚（200g）
セージの葉 …… 4枚
オリーブ油 …… 大さじ1
にんにく（みじん切り）…… 1かけ分
玉ねぎ（薄切り）…… 1/2個分
塩 …… 適量
白ワイン …… 1/4カップ
生クリーム …… 100㎖
粗びき黒こしょう …… 適量

作り方

1. りんごは4つ割りにして芯を取り、2つは皮をむいて1.5㎝幅の拍子木切りにし、もう2つは皮つきのまま3㎝角くらいに切る（a）。生ハムは半分に切る。
2. 鍋にバターと拍子木切りにしたりんごを入れて中火で炒め、砂糖を加えて香ばしく色づいてつやが出てきたらバットに取り出して粗熱を取る。
3. 豚肉2枚を端を重ねて横長に広げて生ハムをのせ、右端から5㎝くらいのところに**2**を2本のせる。さらにちぎったセージの葉1枚分をのせ、右から左へくるくると巻く（b）。残り3組も同様にして巻く。
4. 鍋にオリーブ油、にんにく、**1**の皮つきのりんご、玉ねぎを入れて塩ひとつまみをふり、中火で炒める。玉ねぎがしんなりしてきたらオリーブ油少量（分量外）を足して、**3**を転がしながらこんがりと焼く。
5. 白ワインを加え、沸騰してきたら生クリームを加えて蓋をし、極弱火で10分ほど煮て塩で味をととのえる。器に盛って粗びき黒こしょうをふる。

獅子頭

Stewed Pork Balls

獅子頭とは獅子の頭のように大きな肉だんごのことで中華料理の定番。
豆腐を加えてさっぱりと仕上げました。はるさめにもだしが染み込んで美味。
ボリュームのわりにぺろりと食べられます。

材料（3～4人分）

白菜……400g
干ししいたけ……2枚
＊1カップの水で戻す。
はるさめ(乾燥)……40g
豚ひき肉……400g
塩……小さじ1/4
木綿豆腐……1/2丁
パン粉……30g
酒……大さじ1
しょうゆ……小さじ2
ごま油……小さじ1
しょうが(せん切り)……1かけ分
水……1カップ

作り方

1. 白菜は長さを4等分に切り、芯の部分は短冊切りにする。干ししいたけは石づきを取って半分に切る。戻し汁は取り置く。はるさめは水(分量外)で戻す。
2. ボウルにひき肉と塩を入れ、粘りが出てくるまで手でしっかりこねる(a)。豆腐、パン粉、酒、しょうゆを加えてさらにこね、4等分にして丸める。
3. 鍋を強めの中火にかけて熱し、ごま油を入れて**2**を並べ入れ、こんがり焼き色がついたら回して全体に焼き色をつける(b)。
4. 白菜、干ししいたけ、戻し汁、しょうが、分量の水を加えて蓋をし、中火で20分煮て弱火にし、はるさめを加えて再び蓋をして10分煮る。器に盛る。

a

b

牛肉の赤ワイン煮込み

Beef Bourguignon

口の中でほろりとくずれる牛肉を、
赤ワインと香味野菜たっぷりのソースを合わせていただく、ごちそう感たっぷりの煮込み。
バゲットやご飯にかけて余すことなくどうぞ。

材料 （2～3人分）

牛ほほ肉（かたまり）…… 600g

＊すね肉でもよい。

塩 …… 小さじ1

にんにく（つぶして半分に切る）…… 1かけ分

赤ワイン …… 100mℓ＋400mℓ

にんじん …… 1本

玉ねぎ …… 1個

塩、粗びき黒こしょう …… 各適量

小麦粉 …… 大さじ2

オリーブ油 …… 大さじ1＋大さじ1

ローリエ …… 1枚

トマトケチャップ …… 大さじ1

トマト缶（ダイス）…… 100mℓ

きび砂糖 …… ひとつまみ

a

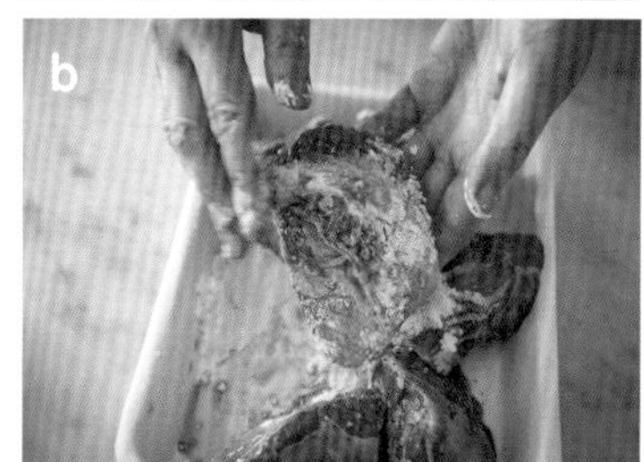
b

c

作り方

1. 牛肉は6～7cm角に切って保存袋に入れ、塩、にんにく、赤ワイン100mℓを入れて、冷蔵庫で一晩マリネする（a）。
2. にんじんは皮をむいて3～4cm長さの乱切り、玉ねぎは皮をむいて薄切りにする。
3. 1の袋から肉を取り出して（マリネ液は取り置く）水気を切り、塩、粗びき黒こしょうをふってから小麦粉をふり、余分な粉をはたく（b）。
4. 鍋にオリーブ油大さじ1を入れて強めの中火にかけ、3を入れて全体に焦げ目がつくまで焼いて取り出す（c）。
   ＊焦げつきそうになったら、ぬれぶきんの上に鍋をのせて温度を下げると防げる。
5. 4の鍋に残った油をペーパータオルで軽く拭き取り、オリーブ油大さじ1とにんじん、玉ねぎを入れて強めの中火にかけて混ぜ、玉ねぎが透き通ってきたら4と赤ワイン400mℓ、3のマリネ液（d）、ローリエを入れる。
6. 沸騰したら肉がひたひたになるまで水（分量外）を加えて再び沸騰するまで煮る。途中アクが出てきたら取り除く。
7. トマトケチャップとトマトを加え、弱めの中火で蓋をして30分ほど煮る。蓋を開けてざっと混ぜ、弱火でさらに1時間蓋をして煮る。ざっと混ぜて蓋を少しずらし、さらに30分～1時間、肉がとろりとして柔らかくなるまで煮る。このとき煮汁がゆるければ少し火を強めて軽く煮詰める。
8. 最後に塩、粗びき黒こしょう、きび砂糖で味をととのえて、器に盛る。

牛すね肉のコチュジャン風味

Korean Style Beef Shank

ピリ辛で食欲が増す韓国風煮込み。
コチュジャンベースのたれでしっかりと下味をつけるのがポイント。
最後にごま油やごまをトッピングするとさらに風味がアップするのでおすすめです。

材料（2〜3人分）

牛すね肉（かたまり）…… 300g
長ねぎ …… 1本
にんにく（つぶす）…… 1かけ分
水 …… 1ℓ
大根 …… 150g
塩 …… 適量

〈たれ〉
- コチュジャン …… 大さじ1
- しょうゆ、酒 …… 各大さじ1
- にんにく（すり下ろす）…… 1かけ分
- 粉唐辛子 …… 少々

ごま油 …… 適量
白いりごま …… 適量

a

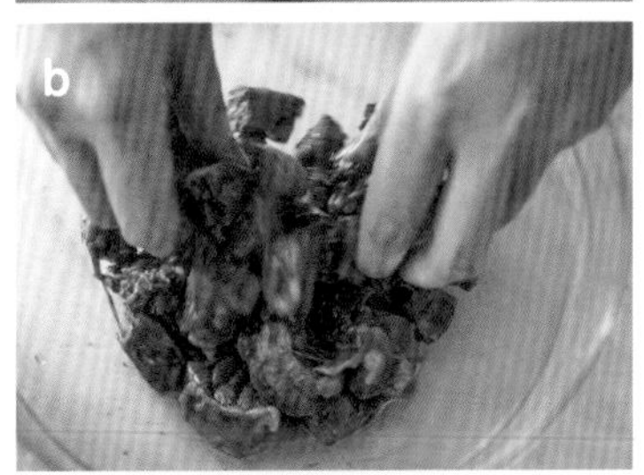
b

c

作り方

1. 牛肉は5cm角に切る。鍋に牛肉と長ねぎの青い部分、にんにく、分量の水を入れて中火にかける。沸騰したら蓋をして弱火にし、1時間煮る。たれの材料を合わせる。
2. 1の粗熱が取れたら肉と長ねぎの青い部分を取り出し、肉は手で一口大に裂く（a）。たれを加えてよく混ぜる（b）。
3. 長ねぎの白い部分は6〜7mm幅の斜め切りにし、大根は4cm長さくらいの乱切りにする。
4. 肉を取り出した鍋に2の肉をたれごと戻し入れ（c）、長ねぎの白い部分、大根を加えて蓋をし、中火で30分ほど煮て塩で味を調える。
5. 器に盛り、好みでごま油をふって白いりごまをふる。

ラムとズッキーニ、ミントのカレー

Curried Lamb Chop with Zucchini and Mint

スパイスとヨーグルトのまろやかさがきいて野菜がたっぷり食べられるカレー。
ラム肉は清涼感のあるミントとよく合います。
先に肉にヨーグルトを揉み込むのが柔らかく仕上げるポイント。

材料 （2～3人分）

ラムチョップ（または角切り）…… 250g
塩 …… 少々＋小さじ1
プレーンヨーグルト（無糖）…… 50g＋50g
ズッキーニ …… 2本
トマト …… 大1個（170g）
パクチー …… 1枝
サラダ油 …… 大さじ2
玉ねぎ（みじん切り）…… 1/2個分
にんにく、しょうが（各すりおろし）…… 各1かけ分
クミンシード …… 小さじ1/2
カレー粉 …… 大さじ1と1/2
＊自分で作るなら、カイエンペッパー小さじ1/2、クミン小さじ1、コリアンダー小さじ1、ターメリック小さじ1/2を合わせる。
しし唐辛子（みじん切り）…… 3本分
青唐辛子（みじん切り）…… 1本分
＊ないときはしし唐辛子4本にかえてもよい。
水 …… 1カップ
ミント（ざく切り）…… 適量
ナン（市販）…… 適量

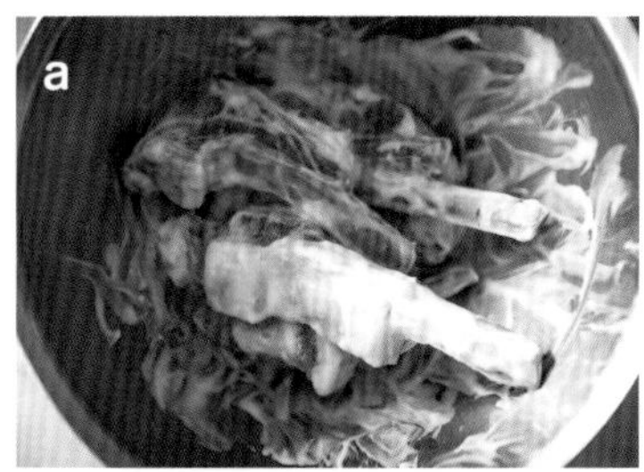
a

b

c

d

作り方

1. ボウルにラムチョップを入れ、塩少々をふってヨーグルト50gを揉み込む（a）。ズッキーニは1cm厚さの輪切りにし、トマトはざく切りにする。パクチーは根と茎と葉に分け、それぞれざく切りにする。

2. 鍋にサラダ油、玉ねぎ、にんにく、しょうが、塩小さじ1、クミンシードを入れて中火にかけ、1分ほど炒めて蓋をし（b）、火を少し弱めて5分蒸し煮にする。

3. カレー粉、しし唐辛子、青唐辛子、トマトを加えて（c）、トマトをつぶしながら炒める。

4. 1のラムチョップを汁ごと加えて（d）ざっと炒め、肉の色が変わったら分量の水を加えて強めの中火で煮る。沸騰したら蓋をして弱火にし、15分ほど煮る。

5. ズッキーニとパクチーの根と茎を加えて再び蓋をしてさらに20分煮る。ヨーグルト50gを回しかけ、塩（分量外）で調味して器に盛り、パクチーの葉とミントをのせ、ナンを添える。

鶏手羽のスープ

Stewed Chicken Wings

透き通ったスープはやさしく深みがあります。
煮込むことで鶏手羽の骨から旨味が溶け出し、
さらに昆布だしが加わって極上の味わいに。胃が疲れているときや食欲がないときにもおすすめ。

材料（2〜3人分）

鶏手羽 …… 4〜6本
塩 …… 少々
大根 …… 150g
長ねぎ …… 1本

〈昆布だし〉
昆布（5×10㎝） …… 1枚
水 …… 3カップ

酒 …… 大さじ1
ゆずごしょう …… 適量

作り方

1. 昆布だしを作る。大きい計量カップに分量の水を入れ、昆布を加えて30分以上（できれば一晩）おき（a）、昆布を取り出す。
2. 鶏肉は関節の部分を切って（b）塩をふり、よく揉み込む。大根は1㎝厚さのいちょう切りにし、長ねぎは5㎝長さに切る。
3. 鍋に1を入れ、2と酒を加えて中火にかける。沸騰したら蓋をし、弱火で30分ほど煮る。器に盛り、ゆずごしょうを添える。

Seafood & Vegetables

魚介＋野菜

野菜といっしょに蒸し煮にすることでしっとりと仕上げたり、さっと火を通したり、コトコト煮込んだり……。魚介それぞれの特徴を生かし、よく合う野菜をたっぷり合わせて火を通せば、ヘルシーでバランスのよい一品ができ上がります。

魚介＋野菜の蒸し煮の基本

白身魚とキャベツの蒸し煮

Braised White Fish and Cabbage

キャベツはほんのり白ワインの風味がして白身魚のつけあわせにぴったり。
白身魚もしっとりと蒸され、パサつきません。魚は鯛のほか、たらやさわら、鮭などでもOK。
キャベツをズッキーニにかえてもいいでしょう。バターのコクでおいしさが倍増します。

材料（2人分）

鯛（切り身）…… 2切れ（250g）
塩 …… 小さじ1/2＋ひとつまみ
粗びき黒こしょう …… 少々
キャベツ …… 1/4個（350g）
バター …… 12g
白ワイン …… 50mℓ
フェンネル（またはディル）…… 適量

作り方

1. バットに鯛を入れ、塩小さじ1/2と粗びき黒こしょうを全体にふる。

2. キャベツは1cm幅に切る。鍋にバターを入れて中火にかけ、キャベツと塩ひとつまみを入れて軽く炒め、白ワインを回し入れる。

3. 蓋をして、弱火で6〜7分蒸し煮にする。

4. 1の鯛の水気をペーパータオルで拭き取る。

5. 蓋をあけ、4の鯛をのせる。

6. 再び蓋をして弱火で7分蒸し煮にし、器に盛り、あればフェンネルを添える。

かきと九条ねぎの蒸し煮

Braised Oysters with Kujo Spring Onions

ぷりぷりのかきとみそだれが好相性。
口に入れると九条ねぎとゆずの香りがふわっと鼻に抜けます。
エリンギのかわりに、えのきたけやまいたけなどを使っても。それぞれのきのこの風味が楽しめます。

材料（2～3人分）

かき（むき身）…… 8個
塩 …… 大さじ1＋ひとつまみ
九条ねぎ …… 4本（160g）
エリンギ …… 1パック（120g）
木綿豆腐 …… 1/2丁（150～200g）
水 …… 50mℓ
A
- 白みそ …… 大さじ3～4
- 酒 …… 大さじ3
- しょうゆ …… 小さじ1/2
- ゆずの皮（すりおろす）…… 1/3個分

作り方

1. バットにかきを入れ、塩大さじ1をふって軽く揉み（a）、水で流して汚れを落とす。ペーパータオルで水気を拭く。
2. ねぎは根元を切り落として6cm長さに切る。エリンギは縦3等分に切ってから1cm幅くらいに切る。豆腐は半分に切ってから1cm厚さに切る。Aは合わせる。
3. 鍋にねぎ、エリンギの順に入れ、塩ひとつまみと分量の水を加えて中火にかけ、蒸気が出てきたら蓋をして（b）、弱火で3分ほど蒸し煮にする。
4. 蓋をあけて豆腐、1の順にのせ、Aを回しかけて（c）再び蓋をし、10分ほど蒸し煮にする。

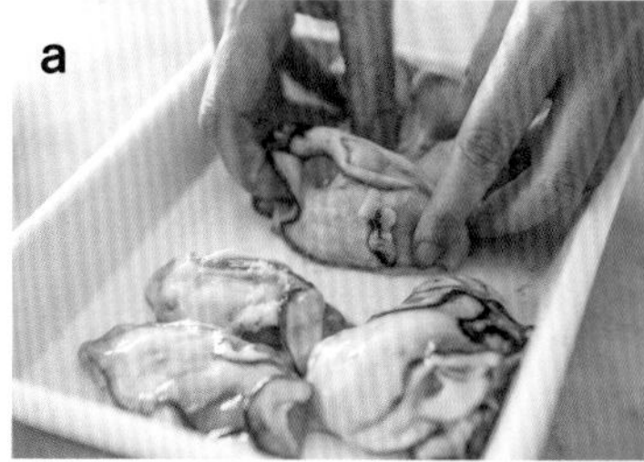
a

b

c

じゃがいもとたらとズッキーニのタプナード風味

Braised Cod, Potatoes and Zucchini with Tapenade

タプナードは南フランスでよく作られるオリーブを使った旨味の強いペースト。
さっぱりした魚にコクをプラスします。
保存できるのでパンなどにつけてもおいしくいただけます。

材料 （2人分）

じゃがいも …… 2～3個(240g)
ズッキーニ …… 1本
たら(切り身) …… 2切れ
塩 …… ひとつまみ

〈タプナード〉
- 黒オリーブ(水煮の瓶詰／種あり) …… 8粒
- ケッパー …… 10粒
- アンチョビ …… 8g
- にんにく …… 1かけ
- オリーブ油 …… 大さじ2

白ワイン …… 50mℓ

作り方

1. じゃがいもは皮をむいて7mm厚さの輪切りに、ズッキーニは1cm厚さの輪切りにする(a)。
   ＊じゃがいもは火が通りにくいのでやや薄めに切る。
2. タプナードを作る。黒オリーブは種を取って粗みじん切りに、ケッパーとアンチョビ、にんにくも粗みじん切りにしてボウルに入れ、オリーブ油を加えてよく混ぜる(b)。
   ＊これらの材料をすべてフードプロセッサーに入れて攪拌してもよい。
3. 鍋にじゃがいも、ズッキーニの順に入れ、その上にたらをのせて、塩をふる。
4. 2のタプナードをたらに塗り(c)、残りを全体に散らして白ワインを回しかける。中火にかけてふつふつしてきたら蓋をし、火を弱めて12分ほど蒸し煮にして(d)器に盛る。

MAGLOIRE

かじきのレタス蒸し

Braised Marlin with Lettuce

レタスは火を通すことでかさが減り、たっぷり食べられます。
アンチョビとドライトマトの塩気が淡白なレタスと、
脂ののったかじきのどちらにもよく合います。

材料 （2人分）

〈タプナード〉
- にんにく …… 1かけ
- アンチョビ …… 2片
- ドライトマト（オイル漬け） …… 2個
- オリーブ油 …… 大さじ1

レタス …… 大1/2個
かじき（切り身） …… 2切れ（220g）
塩、粗びき黒こしょう …… 各適量
白ワイン …… 大さじ2

a

b

c

d

作り方

1. タプナードを作る。にんにく、アンチョビ、ドライトマトはすべてみじん切りにしてボウルに入れ、オリーブ油を加えてよく混ぜる（a）。
＊これらの材料をすべてフードプロセッサーに入れて攪拌してもよい。
2. レタスは放射状に4等分に切り（b）、かじきは2等分に切って塩、粗びき黒こしょうをふる（c）。
3. 鍋にレタスを入れてかじきをのせ、1をかじきに塗り、残りを全体に散らし、白ワインを回しかけて（d）中火にかける。
4. 鍋が温まってきたら蓋をして火を弱め、7～8分蒸し煮にして器に盛る。

魚介＋野菜の煮込みの基本

たこのラグー

Octopus Ragoût

ゆでだこはじっくり煮込むことでほろりと柔らかくなります。
野菜がたっぷり加わり、後味が軽やかな煮込み。
パンやパスタにたっぷりかけていただきましょう。

材料 （3人分）

ゆでだこ …… 250g
パプリカ(赤) …… 1個
セロリ …… 1本
玉ねぎ …… 1/2個

A
- アンチョビ …… 2片
- 赤唐辛子(輪切り) …… 1/2本分
- にんにく(つぶす) …… 1かけ分
- オリーブ油 …… 大さじ2

白ワイン …… 50mℓ
トマトピューレ …… 400mℓ
黒オリーブ(水煮の瓶詰／種なし) …… 10粒
タイム …… 2枝
ペンネ …… 80g

作り方

1. たこは2〜3cm大、パプリカは1cm角くらい、セロリと玉ねぎは皮をむいてみじん切りにする。

2. 鍋にAを入れて中火にかけ、香りが立ってきたらセロリと玉ねぎを加えて、ざっと混ぜる。

3. パプリカとたこを加えてざっと混ぜる。

4. 白ワインを加えて一度沸騰させる。

5. トマトピューレを加えて全体を混ぜる。

6. 黒オリーブとタイムを加えて蓋をし、弱めの中火で常にふつふつしている状態で40分以上、ときどきかき混ぜながら煮込む。ペンネを器に盛ってラグーをかける。

＊ オーブンの場合は、180℃に予熱して30分煮込む。
＊ ペンネは表示時間通りにゆでる。

Memo

たこは中途半端に煮るのは禁物。さっと温めるかじっくり煮るのがポイント。10分くらいだと中途半端でかたくなる。ここでは30分以上じっくり煮込んで柔らかくしている。

えびとあさりのトマトカレー

Tomato Curry with Shrimp and Clam

えびの頭や殻とあさりから出た旨味で本格的な味わい。
じっくり炒めた玉ねぎとフレッシュトマトの酸味、
生クリームのまろやかさがご飯に合うカレーです。

材料（3人分）

有頭えび(または殻つきのえび)……14尾(200g)
＊殻からだしが出るので有頭がない場合は、殻つきのえびを選ぶ。

A
- オリーブ油……大さじ2
- クミンシード……小さじ1/2
- マスタードシード……小さじ1/2

しょうが、にんにく(各すりおろし)……各1かけ分
玉ねぎ(みじん切り)……1/2個分
塩……ひとつまみ＋小さじ1/2
トマト(ざく切り)……3個分(500g)
カレー粉……大さじ1と1/2
あさり(砂抜きしたもの)……200g
白ワイン……大さじ2
生クリーム……80mℓ
ご飯……適量

a

b

c

d

作り方

1. えびは頭を取り、半量は殻をむいて背に切り込みを入れ、竹串で背わたを取る(**a**)。残りは殻つきのままはさみで背に切り込みを入れ、竹串で背わたを取る。
2. 鍋にAを入れて中火にかけ、パチパチと音がしたら、しょうが、にんにく、玉ねぎ(**b**)、塩ひとつまみを入れてざっと混ぜ、蓋をして5分蒸し煮にする。
3. 蓋をあけて全体を混ぜ、玉ねぎが色づいたらトマトとカレー粉を加えて、トマトをつぶしながらざっと混ぜ、弱めの中火にして蓋をして10分蒸し煮にする。
4. えびとあさりを加えて(**c**)ざっと混ぜ、白ワインを加えて1〜2分加熱してアルコールを飛ばし、蓋をして5分煮る。
5. 蓋をあけて塩小さじ1/2を加えて味を調え、最後に生クリームを加えて火を強めてひと煮立ちさせ(**d**)、ご飯とともに器に盛る。

サーモンのクリームシチュー

Creamed Salmon with Lemon

バターを使わず、牛乳と生クリームで手早く作れる白いシチュー。
煮込む前に鮭を焼くと、香ばしく仕上がります。
レモンの果汁と香りを加えてよりさわやかに。

材料（2～3人分）

鮭（切り身）…… 2切れ（220g）
塩 …… 少々
粗びき黒こしょう …… 少々
マッシュルーム …… 4～5個
オリーブ油 …… 大さじ1＋大さじ1
玉ねぎ（細切り）…… 1/2個分
セロリ（細切り）…… 1本分
薄力粉 …… 大さじ1
白ワイン …… 80mℓ
生クリーム …… 100mℓ
牛乳 …… 100mℓ
レモン（国産）…… 1/8個

作り方

1. 鮭に塩と粗びき黒こしょうをふり、マッシュルームは薄切りにする。
2. 鍋にオリーブ油大さじ1を入れて中火で熱し、玉ねぎ、セロリ、マッシュルームを加えて炒める。玉ねぎがしんなりしたら薄力粉を加えて混ぜ、いったんバットに取り出す。
3. **2**の鍋にオリーブ油大さじ1を入れて中火にかけ、鮭の皮目を下にして焼く。焦げ目がついたらひっくり返して再び焼き、白ワインを加えて沸騰させ、**2**を戻し入れる。
4. 生クリームと牛乳を加えて蓋をし、弱火で10分煮て器に盛る。レモンを搾って皮をレモンゼスターで削ってふる。

Seasoned Rice

ご飯

ストウブの鍋でご飯を炊くと、火にかけているのは10分あまり。あとは火をとめて余熱で蒸らすだけ。お米がつやつやでふっくらと炊き上がります。いろいろな食材を加えれば、ご飯のレパートリーは無限大。炊き込みご飯にしたり、混ぜご飯にして楽しみましょう。

ご飯の基本

とうもろこしご飯

Corn Rice

芯も入れて炊くことでとうもろこしの甘味がご飯全体に行き渡ります。
炊き上がりにバターを入れて混ぜると、
風味もコクも増して、箸がとまりません。

材料（3〜4人分）

米 …… 1.5合(225g)
水 …… 290㎖
とうもろこし …… 1本
塩 …… 小さじ1/2
酒 …… 小さじ2
バター …… 大さじ1

作り方

1. 米はといでたっぷりの水(分量外)に30分浸水させる。ざるに上げて水気を切り、鍋に入れて分量の水を加える。

＊水気を切った状態で保存袋に入れ冷蔵庫で2日保存可能。すぐに炊けるのでおすすめ。

2. とうもろこしは横半分に切って切り口を下にしてまな板に立て、包丁で実を切り落とす。残った芯も取っておく。

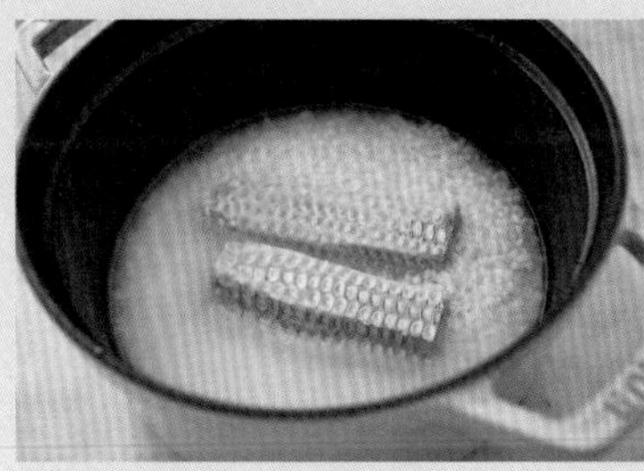

3. 1の鍋に塩、酒を入れ、2の芯をのせる。

4. 2のとうもろこしの実を手でほぐしながら加えて、中火にかける。

5. 全体がふつふつとしてきたら、一度大きくかき混ぜる。再度沸騰して全体に大きく泡が出てきたら蓋をする。弱火にしてふつふつしている状態で10分炊く。

6. 火をとめ、蓋をしたまま10分蒸らす。蓋をあけて芯を取り出し、バターを加え、底から返すようにして混ぜ、器に盛る。

＊好みで粗びき黒こしょうをふってもよい。

Memo

白いご飯の炊き方。
米1.5合はといでたっぷりの水に30分浸ける。ざるに上げて水気を切り、鍋に入れて水300㎖を加えて中火にかける。全体がふつふつとしてきたら、一度大きくかき混ぜる。再度沸騰して全体に大きく泡が出てきたら蓋をする。弱火にしてふつふつしている状態で10分炊く。火をとめ、蓋をしたまま10分蒸らし、底から返すようにして混ぜる。

そら豆ご飯

Broad Beans Rice

そら豆とミモレットで色合いも華やか。
おろしたミモレットの旨味はどこかカラスミに似て、ご飯によく合います。
ミモレットがないときはパルミジャーノ・レッジャーノでもおいしい。

材料（3〜4人分）

米 …… 1.5合(225g)
水 …… 300㎖
そら豆 …… 1パック(正味140g)
塩 …… 小さじ1/2
酒 …… 小さじ2
ミモレット(またはパルミジャーノ・レッジャーノ) …… 適量

作り方

1. 米はといでたっぷりの水(分量外)に30分浸水させる。ざるに上げて水気を切り、鍋に入れて分量の水を加える。
2. そら豆はさやから出す。鍋にたっぷりの湯を沸かして塩ひとつまみ(分量外)を入れ、そら豆を加えて30秒ゆでてざるに上げ、外皮をむく。このとき約80gになるようにする。
3. 1の鍋に2、塩、酒を加えて中火にかける。全体がふつふつとしてきたら、一度大きくかき混ぜる。再度沸騰して全体に大きく泡が出てきたら蓋をする。弱火にしてふつふつしている状態で10分炊く。火をとめ、蓋をしたまま10分蒸らす。
4. 蓋をあけて底から返すようにして混ぜ、器に盛る。ミモレットをチーズおろしで削って散らす。

ゆり根ご飯

Lily Bulb Root Rice

甘くてホクホクのゆり根ご飯は私の大好物。ゆり根は蒸されて、ことのほか甘くなります。
ゆり根はりん片にハリがあってしっかり重なっているものを選びましょう。
紫色になっているりん片があったら、苦みがあるので取り除いてください。

材料（3～4人分）

米 …… 1.5合(225g)
水 …… 300㎖
昆布(5㎝角) …… 1枚
ゆり根 …… 大1個(150g)
塩 …… 小さじ1/2
酒 …… 小さじ2

作り方

1. 米はといでたっぷりの水(分量外)に30分浸水させる。ざるに上げて水気を切り、鍋に入れて分量の水と昆布を加える。
2. ゆり根は外側からりん片を1枚ずつはがしてばらばらにする。
3. 1の鍋に2、塩、酒を加えて中火にかける。全体がふつふつとしてきたら、一度大きくかき混ぜる。再度沸騰して全体に大きく泡が出てきたら蓋をする。弱火にしてふつふつしている状態で10分炊く。火をとめ、蓋をしたまま10分蒸らす。
4. 蓋をあけて昆布を取り出し、ゆり根をつぶさないように底から返すようにして混ぜ、器に盛る。

里いもご飯

Satoimo Rice

ごろっとした里いもが存在感のあるご飯。
缶汁とオイスターソースがだしがわり。
ごま油としょうがの香りがきいた中華風の味でお箸がとまらない一品です。

材料（3〜4人分）

米 …… 1.5合（225g）
帆立缶（水煮／ほぐし身）
…… 1缶（65g）
酒 …… 小さじ2
オイスターソース …… 大さじ1
里いも …… 3〜4個（150g）
ごま油 …… 小さじ1
しょうゆ …… 小さじ1
しょうが（せん切り）…… 1かけ分
細ねぎ（小口切り）…… 適量

作り方

1. 米はといでたっぷりの水（分量外）に30分浸水させ、ざるに上げて水気を切る。
2. 帆立缶は小さなざるに上げて缶汁と身に分ける。計量カップに缶汁と酒、オイスターソースを入れ、水（分量外）を足して300㎖にする。
3. 里いもは皮をむいて一口大の乱切りにする。鍋にごま油を入れて強めの中火で熱し、里いもを入れて軽く焦げ目がつくまで炒めてしょうゆを回しかけ、ざっと混ぜて火をとめる。
4. **3**に**1**としょうが、**2**を加えてざっと混ぜる。中火にかけ、全体がふつふつとしてきたら、一度大きくかき混ぜる。再度沸騰して全体に大きく泡が出てきたら蓋をする。弱火にしてふつふつしている状態で12分炊く。火をとめ、蓋をしたまま10分蒸らす。
5. 蓋をあけて底から返すようにして混ぜ、器に盛り、細ねぎをふる。

きのことベーコンのご飯

Mushroom and Bacon Rice

きのこの風味が満喫できるご飯。いろんなきのこを合わせて使うと、
だしを使わなくても味わい深い炊き込みご飯が作れます。
ここではベーコンを入れて洋風にしましたが、油揚げを加えて和風にしてもおいしい。

材料（3～4人分）

米 …… 1.5合(225g)
ベーコン …… 30g
きのこ(しめじ、生しいたけ、
マッシュルーム) …… 合わせて200g
＊まいたけやえのきたけなどでもOK。いろいろなきのこが入っていると味に深みが出る。
酒 …… 大さじ1
しょうゆ …… 大さじ1
塩 …… ひとつまみ
水 …… 270㎖
粗びき黒こしょう …… 適量

作り方

1. 米はといでたっぷりの水(分量外)に30分浸水させ、ざるに上げて水気を切る。
2. ベーコンは1㎝角に切り、きのこ類は石づきを取り、しめじはほぐし、しいたけとマッシュルームは薄切りにする。
3. 鍋にベーコンを入れて中火にかけ、炒める。きのこ類、酒、しょうゆ、塩を加え、さっと混ぜて味をなじませ、火をとめる。
4. 3に1と分量の水を加え、全体がふつふつとしてきたら、一度大きくかき混ぜる。再度沸騰して全体に大きく泡が出てきたら蓋をする。弱火にしてふつふつしている状態で10分炊く。火をとめ、蓋をしたまま10分蒸らす。
5. 蓋をあけて底から返すようにして混ぜ、器に盛り、粗びき黒こしょうをふる。

鶏肉とオリーブのご飯

Chicken and Olive Rice

爽やかなレモン風味の炊き込みご飯。アクセントはれんこんのシャキシャキ食感。
鶏肉はナンプラーを使ったたれに漬け込むことでしっかりと味が染み込みます。
ここでは手羽元を使いましたが、鶏もも肉でもおいしく仕上がります。

材料（3〜4人分）

米 …… 1.5合(225g)
鶏手羽元 …… 5〜6本(400g)
A ナンプラー …… 大さじ1/2
A にんにく(すりおろす) …… 1かけ分
A レモン汁(国産) …… 小さじ1
れんこん …… 100g
オリーブ油 …… 大さじ1
赤唐辛子(輪切り) …… 1/2本分
オリーブ(水煮の瓶詰／種なし／緑、黒) …… 各8粒
白ワイン …… 大さじ2
水 …… 270mℓ
塩 …… 小さじ1/2
レモン(国産) …… 1/2個

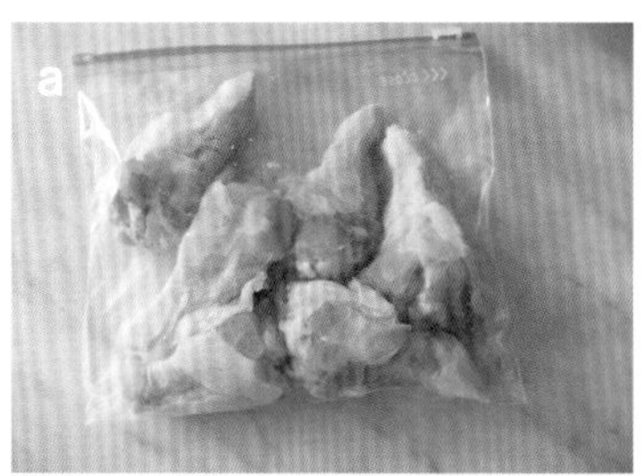

作り方

1. 米はといでたっぷりの水(分量外)に30分ほど浸水させ、ざるに上げて水気を切る。

2. 保存袋に鶏肉とAを入れ(a)、30分以上冷蔵庫に入れて下味をつける。れんこんは皮をむいて5mm厚さの半月切りにする。

3. 鍋にオリーブ油と鶏肉を入れて中火にかけ、全体に軽く焦げ目がつく程度に焼く(b)。

4. 3にれんこん、赤唐辛子、1、オリーブを加えて(c)混ぜ、炒める。全体に油がなじんだら白ワインと分量の水、塩を加え、全体がふつふつとしてきたら、一度大きくかき混ぜる。再度沸騰して全体に大きく泡が出てきたら蓋をする。弱火にしてふつふつしている状態で10分炊く。火をとめ、蓋をしたまま10分蒸らす(d)。

5. 器に盛り、レモンを添える。食べるときにレモンを搾り、皮をすりおろしてかける。

アスパラガス、帆立、あさりのバターピラフ

Asparagus, Scallops and Clam Butter Pilaf

あさりのだしがきいたピラフなのでバターは少量でもぐっとコクが出ます。
アスパラガスが入ることで、食感と彩りをプラスします。
帆立はさっと炒めて取り出し、最後に戻すとふっくらおいしくいただけます。

材料（3〜4人分）

グリーンアスパラガス …… 3〜4本
あさり（砂抜きしたもの）…… 200g
白ワイン …… 大さじ2
バター …… 5g＋5g
帆立貝柱（刺身用）…… 3〜4個
玉ねぎ（みじん切り）…… 1/4個分
にんにく（みじん切り）…… 1かけ分
塩 …… ひとつまみ＋小さじ1/2
米 …… 1.5合（225g）
イタリアンパセリ（ざく切り）…… 適量

a

b

c

d

作り方

1. アスパラガスは下方のかたい部分を折って、ピーラーで下から1/3くらいの皮をむき（a）、3cm長さに切る。
2. 鍋にあさりと白ワインを入れて火にかけ、沸騰したら蓋をして弱火で蒸し煮にし、あさりの口が開いたらすぐに火をとめ、ざるに上げてあさりと蒸し汁に分ける（b）。
3. 2の鍋にバター5gを熱し、帆立貝柱とアスパラガスをさっと炒めて取り出す（c）。
4. 3の鍋にバター5g、玉ねぎとにんにく、塩ひとつまみを入れ、中火で炒める。玉ねぎがしんなりしたら米を洗わずに加え、表面が透き通るまで炒める。
5. 計量カップに2のあさりの蒸し汁と塩小さじ1/2を入れ、水（分量外）を足して270mℓにし、4に加える。中火にかけ、沸騰したら蓋をして火を弱め、ふつふつしている状態で9分炊く。蓋をあけ、2のあさりと3をのせて（d）蓋をして1分加熱する。火をとめて、余熱で10分蒸らす。
6. 器に盛ってイタリアンパセリを散らす。

豆豉排骨（パイコー）ご飯

Pork Ribs Rice with Black Beans Sauce

香港で食べたスペアリブの蒸し煮のアレンジです。
スペアリブにしっかりと味を染み込ませてからご飯を炊きましょう。
ふっくら蒸された肉と、そのだしを吸い込んだご飯は格別です。

材料（3〜4人分）

米 …… 1.5合(225g)
スペアリブ(3〜4cmにカットしたもの) …… 350g
A
- 豆豉（とうち）(みじん切り) …… 大さじ1と1/2
- しょうゆ …… 大さじ1/2
- 砂糖 …… 大さじ1と1/2
- 紹興酒(または酒) …… 小さじ2
- にんにく、しょうが(各みじん切り) …… 各小さじ1
- ごま油 …… 小さじ1
- 赤唐辛子(輪切り) …… 1/2本分
- 黒酢(または米酢) …… 大さじ2

水 …… 300㎖
水溶き片栗粉 …… 片栗粉大さじ1＋水大さじ1
パクチー(ざく切り) …… 適量

Memo
豆豉は黒豆を発酵させて作る中華料理の調味料。発酵調味料ならではの旨味や香り、強い塩気が特徴。油と相性がいいので、炒め物などに使うとコクが出て本格的な中華料理に仕上がる。

作り方

1. 米はといでたっぷりの水(分量外)に30分浸水させる。ざるに上げて水気を切る。
2. スペアリブは冷水でよく洗い、たっぷりの水に10分浸けておく(a)。
   ＊血抜きと臭み取りのために行う。味も染み込みやすくなる。
3. ボウルに調味液のAを入れて混ぜ、2のスペアリブの水気をペーパータオルで拭き取って入れ(b)、30分浸ける。
4. 鍋に1を入れ、分量の水を加える。
5. 3に水溶き片栗粉を加えて混ぜ、4に汁ごと加えて中火にかける。全体がふつふつとしてきたら、一度大きくかき混ぜる。再度沸騰して全体に大きく泡が出てきたら蓋をする。弱火にしてふつふつしている状態で10分炊く。火をとめ、蓋をしたまま10分蒸らす。
6. 器に盛り、パクチーをのせる。

a

b

Column **Desserts**

桃のコンポート

Peach Compote

桃もグラニテもピンクで思わずかわいい！ と心を奪われるデザート。
桃を皮ごと煮ることできれいな色に仕上がりました。
残ったシロップは炭酸や白ワイン、シャンパンで割ってドリンクにしてもおいしくいただけます。

材料（3～4人分）

桃 …… 4個
グラニュー糖 …… 100g
水 …… 1カップ
白ワイン …… 100㎖
レモン汁(国産) …… 1個分

作り方

1. 桃はよく洗って、縦半分のところに切り込みを入れ、手でひねって2つに割り、種を包丁でくりぬく。
2. 鍋にグラニュー糖と分量の水、白ワインを入れて中火にかけ、沸騰したらレモン汁と**1**を皮つきのまま入れ、1～2分したら火をとめて冷まし、皮を取り除く。
3. **2**のシロップ(煮汁)から100㎖を取り出してバットに流し入れ、冷凍庫に2時間ほど入れて固め、フォークで砕く。
4. 器に**2**の桃を盛り、**3**をのせる。

台湾風あずき湯

Taiwanese Red Beans Sweet Soup

台湾でもぜんざいは定番のデザート。
日本よりぐっと甘さひかえめで温かくしていただきます。
ここではナツメのコクのある甘さをプラスし、ふっくらと甘酸っぱいあんずをアクセントに。

材料（4人分）

あずき …… 1/2カップ(170g)
ナツメ …… 小6個
グラニュー糖(またはきび砂糖)
…… 60g
干しあんず …… 2〜3個
水 …… 1カップ

作り方

1. あずきはよく洗って鍋に入れ、たっぷりの水(分量外)を入れて強めの中火にかける。沸騰したら煮こぼして再び水(分量外)で煮る。
2. 沸騰したら弱火にして蓋をずらしてのせ、あずきが柔らかくなるまで弱火で40分〜1時間コトコト煮て、ざるに上げる。
3. 鍋にあずきとナツメ、グラニュー糖、あんず、分量の水を入れて蓋をし、弱火で20分ほど煮て器に盛る。
＊あんずは大きいものは半分に切る。

りんごのクランブル

Apple Crumble

酸味のある紅玉を使ったデザート。
甘くてとろりとしたりんごとサクサクとしたクランブルの食感が絶妙です。
りんごは先にキャラメリゼして、そのままクランブルをのせてオーブンに。

材料 （2人分）

りんご（紅玉）…… 4個

〈クランブル〉
- 薄力粉 …… 30g
- オートミール …… 30g
- ブラウンシュガー（またはきび砂糖）…… 30g
- バター（食塩不使用）…… 30g

グラニュー糖（またはきび砂糖）…… 50g
バター（食塩不使用）…… 12g
バニラアイスクリーム …… 適量
シナモンパウダー …… 適量

作り方

1. 〈クランブル〉を作る。バットに材料を入れ、バターをカードで1.5㎝角くらいにカットする。手でつぶしながら混ぜてそぼろ状にし、冷凍庫で凍らす。
   ＊そぼろ状にするときは大きさがそろっていないほうが食感がよくなる。この状態で保存袋に入れて2週間冷凍保存可能。
2. りんごはきれいに洗って放射状に8等分に切り、芯を取る。
3. 鍋にグラニュー糖を入れて中火にかけ、キャラメル色になったら、りんごとバターを加えてソテーする。全体がしんなりしてきたら火をとめて粗熱を取る。
4. 1を冷凍庫から出して3にのせ、蓋をして180℃に予熱したオーブンで20分焼く。器に盛り、アイスクリームを添えてシナモンパウダーをふる。

シナモンと八角風味の焼きいも

Baked Sweet Potato with Cinnamon and Star Anise

ねっとりとしたいもとクリーミーなマスカルポーネ、そこにやさしい甘味のメープルシロップを加えました。
蓋をあけたとき、ふわっと立ちのぼるスパイシーな蒸気がたまりません。
マスカルポーネのかわりにバター、メープルシロップのかわりにはちみつでもおいしい。

材料（2人分）

さつまいも …… 小4本(150g)
八角 …… 1個
シナモンスティック …… 1本
レモン(国産) …… 1/8個
＊オレンジ1/2個でもよい。
水 …… 大さじ1
マスカルポーネ …… 150g
メープルシロップ …… 大さじ1

作り方

1. 鍋に水で湿らせたオーブンシートを敷く。よく洗って泥を落としたさつまいもをぬれたまま入れ、八角、シナモンスティック、レモンをのせて(a)蓋をし、強めの中火にかける。
2. 鍋全体が熱くなったら分量の水を加え、再び蓋をしてとろ火で20分加熱する。
3. 蓋をあけてさつまいもを裏返し、再び蓋をして15分加熱して火をとめ、そのまま余熱で15分おく。
4. さつまいもを半分に切って器に盛り、マスカルポーネを添えてメープルシロップを回しかける。

若山曜子 Yoko Wakayama

料理研究家。
東京外国語大学フランス語学科卒業後、パリへ留学。
ル・コルドン・ブルーパリ、エコール・フェランディを経て、
パティシエ、グラシエ、ショコラティエ、
コンフィズールのフランス国家調理師資格(CAP)を取得。
パリのパティスリーなどで経験を積み、
帰国後はカフェのメニュー監修、雑誌や書籍、テレビでのレシピ提案などで活躍。
自宅で少人数制のお菓子教室と料理の教室を主宰。
著書に『至福のチーズレシピ』(家の光協会)、
『フライパンパスタ』(主婦と生活社)など著書多数。

https://tavechao.com/
Instagram:@yoochanpetite

ブックデザイン 小橋太郎(Yep)
撮影 竹内章雄
スタイリング 曲田有子
イラスト 蔦谷信子
調理アシスタント 尾崎史江
構成・編集 小橋美津子(Yep)
校正 ケイズオフィス

撮影協力

ストウブ(ツヴィリング J.A. ヘンケルスジャパン)
カスタマーサービスお問い合わせページ
0120-75-7155
https://www.staub-online.com/jp/ja/home.html

株式会社 デニオ総合研究所
https://www.deniau.jp/

UTUWA
〒151-0051 渋谷区千駄ヶ谷3-50-11 明星ビル1F
電話:03-6447-0070

野菜のうまみを凝縮
ストウブだからおいしい毎日ごはん

2021年11月20日 第1版発行

著　者　若山曜子
発行者　河地尚之
発行所　一般社団法人　家の光協会
〒162-8448
東京都新宿区市谷船河原町11
電話　03-3266-9029(販売)
03-3266-9028(編集)
振　替　00150-1-4724
印刷・製本　図書印刷株式会社

ISBN978-4-259-56705-7　C0077